Para Úrsula.
E. L.

Este libro pertenece a

....

Me lo ha regalado

....

El día

....

Texto de Elvira Lindo

Olivia no quiere ir al colegio

ilustraciones de Emilio Urberuaga

sm

Olivia no quiere ir al colegio.
A ella le gustaría quedarse
con su abuela en casa.
Toda la mañana con el pijama,
las zapatillas y persiguiendo
a su abuela por las habitaciones.

Ahora, al cuarto a hacer las camas.

Ahora, al sofá a hacer punto.

Ahora, a ver fotos de cuando Olivia nació.

Y ahora, a probar esos garbanzos tan ricos
que tiene la abuela en la cacerola grande
y que llenan la casa de un olor muy calentito.
¡Así es como le gustaría pasarse
todas las mañanas de su vida!

Pero Olivia ya ha lloriqueado tres veces
esta mañana: una, cuando la han despertado;

dos, cuando la han intentado peinar,

y tres, ahora que van camino del colegio.

La abuela la lleva casi a rastras por la calle
y le dice con mucha mucha paciencia:
—Venga, Olivia, venga, Olivia...

Pero Olivia le explica
que no le gusta ir al colegio
porque siempre tiene que colorear
sin salirse de la raya.

Y porque una niña de su clase
siempre se ríe de su pelo rizado.
Y porque no, porque no le gusta.

Y, dicho esto, Olivia se sienta
en un banco y cruza los brazos.
Nadie podrá nunca moverla de allí.

Entonces, la abuela le cuenta
una historia muy rara:
—Cuando yo era como tú...
Olivia cierra un momento los ojos
para imaginarse a su abuela con seis años.

—No todos los niños podían ir al colegio.
Yo solo pude hacerlo durante dos años.
Pronto tuve que quedarme en casa
para ayudar a mi madre.
Siempre quise tener pinturas, como tú.

Y cantar canciones, y aprender poesías,
y salir al recreo, y leer sin equivocarme
todos los cuentos.

Menos mal que ahora voy por las tardes
a una clase con otras señoras
que tampoco pudieron ir al colegio.
Soy la que mejor lee de mi clase.
Pero no tenemos patio, ni recreo.

Mientras la abuela contaba su historia,
Olivia no sabe cómo,
pero han llegado al colegio.
La abuela le da unos besos grandísimos.

Ahora está coloreando un pato
y procura no salirse de las rayas.
No quiere que esta tarde se le olvide
dejar las pinturas a su abuela.
Olivia ya ha olvidado
que no quería ir al colegio.

fundación sm

La Fundación SM destina los beneficios de las empresas SM a programas culturales y educativos, con especial atención a los colectivos más desfavorecidos.

Si quieres saber más sobre los programas de la Fundación SM, entra en **www.fundacion-sm.org**

LITERATURA**SM**•COM

Primera edición: septiembre de 2021

Proyecto editorial: Teresa Tellechea
Coordinación editorial: Carla Balzaretti
Gerencia de arte: Lara Peces
Diseño de colección: Eduardo Nacarino

ISBN: 978-84-1392-230-0
Depósito legal: M-22611-2021
Impreso en la UE / *Printed in EU*